諷 詩 調 · XII

物神時代 · I

박진환 제30시집

지성 · 감성의 메타언어
조선문학시인선 · 278

諷 詩 調 · XII

物神時代 · I

조선문학사

책머리에

諷詩調 하면 그저 막연히 풍자시쯤으로 이해하려는 이가 많은 것 같다. 그도 그럴 것이 諷詩調를 대두시키면서 '諷刺調'로 쓴 시라는 말을 사용했기 때문이다.

그러나 諷詩調와 諷刺調는 분명히 그 시학이나 시법을 달리하고 있다는 점을 밝혀두지 않을 수 없을 것 같다.

諷詩調는 풍자적 요소를 매우 중시하는 곳에서 출발시킨 시임에는 틀림이 없다. 그래서 풍자시의 골격인 풍자적 대상을 왜소화시키는 방법을 통해 조롱하고 멸시하며 농락하는 면이 없지 않다.

그렇기는 하나 풍자의 대상이 개인공격의 저급풍자였건, 정치적 권력을 비판하는 정치적 풍자였건, 인류 전체를 조소하는 고급 풍자였건, 자기가 자기 자신을 비판하고 해부하는 자기 풍자였건을 막론하고 풍자적 대상에 대한 거부나 부정일변도의 태도를 버리고 지적이고도 비평적 태도를 중시한다는 점에서 풍자와는 격을 달리한다고 할 수 있다.

諷詩調는 태도만이 아니라 시학과 시법도 분명히 하고 있어 일반적 풍자시와는 격과 성격은 물론 시학을 달리하고 있다는 점을 밝혀두고 싶다.

諷詩調는 출발부터 形而上詩와의 맥락성을 강조하면서 출발한 시다. 그 때문에 形而上詩學과 시법에 시의 본질과 방법이 잇대어 있고, 이 점 또한 여러 차례 강조한 바 있기도 하다.

諷詩調를 풍자쪼로 쓴 시라는 점에서 명명했던 것에서 알 수 있듯이 풍시조는 풍자적 성격이 강한 시다. 그러나 단순한 풍자와는 달리 '순수한 통징'을 시법으로 하고 있는 시다. 기회 있을 때마다 강조했듯이 '순수한 통징'은 정신적이고도 지적인 징벌을 의미한다. 정신적이고도 지적인 징벌은 법적, 물리적 힘에 의한 육체적 고통의 잠행이 아니라 문화적 감동이나 지적 깨달음을 통해 스스로의 잘못을 개선함으로써 카타르시스를 체험하게 하는 그런 징벌쯤이 된다.

이러한 카타르시스는 개인적인 경우만은 아니다. 사회, 현실, 시대 전반에 걸쳐 자행되고 있는 악이나 부정, 부조리에 대한 통징을 감행함으로써 체험하게 하는 그러한 정신적 치유로서의 改善이나 악의 교정쯤이 되게 된다. 이것이 諷詩調의 첫 번째 시학이자 시법이다.

이를 위해 동원된 시법이 아이러니, 펀, 골계, 유머, 해학과 같은 지적 레토릭이었다는 점은 시로써 제시되고 있는 바와 같다.

두 번째 양극화의 시학과 시법을 즐겨 차용한다는 점이다.

상반이나 상충의 두 대립적인 양극성을 통해 팽팽한 긴장을 고조시켰다가 相反의 균형으로 화해를 이끌어냄으로써 긴장으로부터 해방되는 카타르시스를 체험하게 하는 감동이 그것이다. 諷詩調가 역설, 반어, 펀과 같은 아이러니를 즐겨 레토릭으로 동원하는 것은 이 때문이다.

세 번째의 시학과 시법이 컨시트다. 컨시트는 흔히 기발한 착상쯤으로 이해되고 있다. 그러나 사전적 의미와는 달리 컨시트가 성립시키는 레토릭으로서의 기능은 시법적 차원의 해석을 요구하게 된다. 단순한 착상으로서의 기발성이나 의외성 그리고 당돌성이 아닌, 서로 합일될 수 없는 양극성의 것을 교묘히 합성 내지 결합시켜 내는 내면적인 힘의 능력으로서의 상상력과 위트가 합작해 이끌어내는 결합의 기발성이 곧 컨시트로서 이는 레토릭 차원을 넘어선 현대 시법의 중요한 하나라고 할 수 있다.

이를 정리하면 諷詩調의 원리는 양극화와 양극화를 합일시켜 화해로운 시의 질서를 이끌어내는, 동떨어진 것을 결합시키는 원인적 비유를 성립시키는 시적 역할쯤이 되게 된다. 일종의 인간의 내면적인 힘인 상상력과 위트의 상보적 역할에 의해서 성립시키는 컨시트의 감행이라는 점이다. 이 점에서 諷詩調의 원리는 양극화와 이를 결합시켜 합성해 내는 컨시트가 담당한다는 이치를 성립시키게 된다.

끝으로 諷詩調의 또 하나의 시적 역할은 '순수한 痛懲'이다. 시대적 비리나 악행, 부조리를 보고 외면하지 않는 문화적 징벌인 통징은 살아있는 이 시대를 살아가는 양심의 육성으로서 이 육성의 메아리까지를 諷詩調는 중시한다. 관념유희나 정서유희의 사치는 이 시대의 부끄러움이자 정신적 퇴행이란 점을 밝히면서 살아있는 양심, 혼이 살아 숨쉬는 언어의 미학이기를 諷詩調는 희망한다는 점을 밝혀둔다.

2010년 初秋

박 진 환

박진환 제30시집 / 諷詩調 · XII

物神時代 · I

차례

物神時代 · 1

미는 북녘 뒤에 큰 키로 서 있는 장골라 보고
중은 남녘 뒤의 노린내나는 양키를 보고
허리도 못펴고 등굽은 반도가 무슨 寶庫라고 보고보고 넘보고

物神時代 · 2

장골라보고 어부바, 양키보고 어부바, 쌍둥이끼리 어부어부바
든든하고 실한 등에 업혀 다행이다만
행여 양육강식 못 깨닫고 잠들어 버릴까봐 그게 걱정이어서

物神時代 · 3

보라, 가지마다 풀잎마다 다투어 해를 향해 뻗는 향일성과
고개 들이밀며 환장하는 인간들의 관변성 향일성을 보라
이는 하늘에도 땅에도 태양이 있음 아니던가

物神時代 · 4

통일통일 노래부른다고 된것도 아니고, 정치카드로도 안되고
퍼준다고 된 것도 아니고, 통일세 걷는다고 되는것도 아니고
통일된건 거꾸로아니고와 안되고,통일주어가돼버린두否定詞

物神時代 · 5

한상렬 목사 방북언행, 이적인가 애국인가?
그렇다, 아니다 대립된 두 의견 국론분열 안 부를지
정답은 하나여야 하는데 코리아의 정답은 늘 둘이어서

物神時代 · 6

MB통일세놓고 여는떨떠름,정부는 무대책 주무부처는제각각
야에선 뜬구름이란 반응이던데 정작 북녘의 반응은?
헛소리마시라우 적화통일되면 돈한푼 안들텐데 무슨 헛소리

物神時代 · 7

금연조처 일환으로 담배값 갑당 8,000원으로 인상설
비쌀수록 구매충동느끼는 코리언의구매심리 몰라서그러시나
담뱃대로 가슴 칠 일만 없어봐, 공짜로준 아편이라도 안피워

物神時代 · 8

한국의 버스 왜들 이래, 뺑 아니면 펑, 펑 아니면 꽈당
터지고 부서지고 부딪치고 느느니 연발 교통사고
고사떡 차려놓고 귀신 불러 액면해달라고 苦祀通交해야겠어

物神時代 · 9

죽음과 세금은 피할 수 없다지만 죽기보다 더 싫은 게 세금
백성이 굶는건 그위의 세금을 먹는자가많아서란 老子의말씀
뜬금없이 통일세 운운이라니 浚民膏澤 북녘만은 아닐 듯

* 준민고택(浚民膏澤)/ 재물을 과다히 착취하여 백성의 힘을 다하게 함을 이른 말.

物神時代 · 10

털어서 먼지 안 난 사람 있나란 옛말 허사가 아닌 것이
정승감 제상감 예외 없이 의문 의혹 헛점 투성이
물이너무 맑아도 고기가 안논다지만 흐려도어지간히 흐려야지

物神時代 · 11

정승내정자가청문회앞두고 “반드시책임질자 있을 것”했겠다
기선제압용 카드쯤으로 보이는데 만약에 비리 드러나
책임 묻기 전에 먼저 책임질 일 생기면 어쩌지

物神時代 · 12

물음에는 답이 있기 마련인데 한국 청문회엔 답 아닌 답있데
머슴으로 부름받은 이들 耕當問奴때마다 죄송죄송 즐기던데
죄송으로 농사짓나, 머슴 노릇 제대로 해낼 수 있을지 몰라

物神時代 · 13

차마 팔지는 못했지만 저당 잡힌지는 이미 오래다
뭐냐고? 황금과 맞바꾼 양심이란 것이지
物神時代에는 양심이란 보따리가 짐만 되거든

物神時代 · 14

먹어도 처먹어도 못면하는 물신의 시장기
세끼 밥으로 부른 배는 얼마나 정직한가
처먹고도 못면한 시장기는 들어있어도 떼거지로 들어있음이다

物神時代 · 15

출세하려거든 몸째 던져야 하고 돈벌려거든 물불 가리지마
그도 저도 아니거든 그러려니 체념하고 살어
物神時代에는 그것도 正道거든

物神時代 · 16

물신에 식상한 생리는 토악질로 신물만 토해내고
미처 소화하지 못한 욕망의 덩어리는 암으로 굳고
가슴 · 이마 · 내장이 온통 物神物神 썩어가고, 고고고

物神時代 · 17

物神의 신약 에테르에 마취된 정신은 혼미상태
거기에 걸신들린 시장기는 먹어도 먹어도 허기 못면해
염불하듯 物神物神 읊어대는 이 시대의 독경소리

物神時代 · 18

힘 있는 놈에게 힘 없는 놈 먹히기 마련인게 자연의 질서
질서 밖 생존은 불가, 생존하기 위해선 먹고 먹혀야
털난 짐승으로 사는 物神時代의 생존법칙도 다를 게 없어

物神時代 · 19

물신이 신앙인 이 시대
흥부식 구식으론 살아갈 수도, 살아남을 수도 없어
놀부대감답게 떵떵거리며 살고 싶으면 物神신앙 가져야 돼

物神時代 · 20

이 시대의 주부들 주어는 다이어트
술어는 ㄷ자 돌림의 다이아몬드, 대박, 대형 APT
주 · 술어에도 못 끼는 영원한 주어 어머니

物神時代 · 21

물신에 신물난 놈 있는가 하면 허천기 못면한 놈도 있어
처먹고 배앓이 하는 놈, 배고파 배앓이 하는 놈
어느 태평성대 있어 놈자 님자 대접 받을까

物神時代 · 22

세계 경제 전망 놓고 중국은 장밋빛, 미국은 잿빛
우리도 경제 흑자라던데 코리아의 경제 빛깔은?
글쎄 흑자란 게 검을 黑자여서

物神時代 · 23

애국이 뭐냐고 물었더니 모른다고 답했다
초등학생도 다 아는 것을 어찌 모르냐고 되물었다
해보지 않은 것을 어찌 안다하겠느냐고 반문했다

物神時代 · 24

잡지인생 반평생을 붉은 잉크만 쓰고 살았다
장밋빛 인생이라고?
천만에, 적자 출혈 못면해서지

物神時代 · 25

신종 인플루덕에 손씻기 생활화로 문명생활
헌데 먹물 든 손도 씻으면 하얘질까
글쎄, 워낙 마음이 새까만 놈의 손이라서

物神時代 · 26

단풍들자 너도나도 단풍구경 나들이
속 검은 놈들, 검은 눈엔 단풍도 황금으로 안보일까
시커먼 속 들켜 구린내 풍기면 산신령님 노하실텐데

物神時代 · 27

거리마다 핸드폰으로 귀에 뿔을 세우고 다닌다
뿔이 났으니 나누는 말 또한 짐승스럽지 않을까
뿔난 건 짐승이거든

物神時代 · 28

잘 처먹고 호의호식 할수록 도지는 속병 있지
무슨 병이냐구? 못 먹고 사는 놈은 앓고 싶어도 못 앓는
부자되고 싶어서 환장한 물신의 허천병

物神時代 · 29

스스로를 알고 싶거든 TV프로 동물의 세계를 봐
사자인지, 호랑이인지, 치타인지, 하이에나인지
아니면 순록인지, 사슴인지, 기린인지 알게 돼

物神時代 · 30

거지같은 세상에 거지가 아니면 이단자지
세상이 온통 이기의 배앓이를 앓는데 배 안고프면 이단자지
거지건 자지건 그게 그거지

物神時代 · 31

손 자주 씻고 잘 씻으면 하얀 白手되겠지
헌데 죄많은 검은 손들도 씻고 또 씻으면 하얘질까
하얘져白手만 되면 뭘해, 百獸수심 못버리면 검은손못면하지

物神時代 · 32

양자회담, 5자회담, 6자회담, 다자회담, 회담은 풍년인데
회담이란게 원래 말잔치로 끝나는 말 풍년 뿐이어서
국제 정치 난기류로 작황은 미지수, 흉년이나 안들지

物神時代 · 33

소줏병이 째려보며 하는말, 내힘 빌어 뭘 하겠다고?
까불지마 난 네 놈들 미친개로도 만들고
개만도 못한 놈으로도 만든다고

物神時代 · 34

냉장고 문을 열 때마다 소주병들이 항변한다
빙점으로 내 체온을 끌어내렸다고 내 불씨가 얼어붙나
네 혀에 닿자마자 끼얹은 휘발유 되어 불붙어, 까불고 있어

物神時代 · 35

공기청정기 앞에서 방귀를 뀌었더니
네 이놈, 정신만 상한줄 알았더니 육신도 상해 똥내풍기누나
냄새 측정 막대그래프가 시뻘겋게 핏대를 올렸다

物神時代 · 36

세종대왕 동상 광화문에 세웠기에 다행이지
여의도에 세웠더라면 연일 외쳐대는 세종세종 함성에
銅耳도 열려 하루에도 몇 번씩 용안 찌뿌렸을 걸

物神時代 · 37

해외선교다, 해외봉사다, 해외자 앞에 붙여야만 봉사던가
그러다 불행한 이웃 못보면 진짜 봉사 못면해
눈먼 봉사되지 말고 눈뜬 봉사로 사랑 실천해야 진짜 봉사지

物神時代 · 38

높고 높은 빌딩, APT, 오피스텔은 분수 밖
짐승들이 제굴에서 살듯이 동굴직이 10년에
몸엔 털 안났지만 어딘가 보이지 않은 곳에 털나지 않았을지

物神時代 · 39

손만 잘 씻으면 신종 플루도 예방, 치료 된다는데
죄 많은 세상의 검은 손들도 씻고 씻으면 하얀손 될까
씻어 白手 되면 뭘하나, 百獸의 검은 獸心 닦여지지 않는데

物神時代 · 40

대통령께서 시낭송을 하셨는데 초유의 일
낭송이야 어떻건 낭송시가 좀 거시기 해서
자네도 그랬나, 나도 머시기 했어

物神時代 · 41

物神 · 乞神 둘다 신은 신인데 거지같은 신이어서
믿어 구원이 돼야 신앙인데 믿을수록 거지꼴 못면하니
빌어먹을, 니체는 순 구식이여, 신식으론 신은 살아있다여

物神時代 · 42

OECD국가중자살률 최고에 심근경색사망률도 최고인코리아
사는 일이 최고여야지 죽는 일에 최고라니 퉤퉤퉤
이 사람아, 하나도 아니고 최고 둘이 어디 그리 쉬운건가

物神時代 · 43

호랑이에게 물려가도 정신만 차리면 산다는 말은 옛말
현대의 호랑이들은 정신먼저 빼앗고 그다음 육체거든
높은신 분들 얼굴을 새긴 아도호 종이호랑이가 그래

* 아도호(阿堵虎) : 일종의 조어로서 종이호랑이라는 뜻.

物神時代 · 44

정신과의 전쟁, 양심과의 전쟁은 고전이다
신식으론 살과의 전쟁
히히, 그것도 살이라고 핏대 세워 포신흉내하며 불뿜기 즐기고

物神時代 · 45

버스, 전철, 휴게실, 장소 안가리고 화장즐기는 코리언우먼들
미인병에 걸려서일까? 시간에 쫓겨서일까? 아니면?
서양에선 밖에 나와 화장하는 여자를 밤거리 여자라 하던데

物神時代 · 46

청계천에 이어 4대강 물꼬는 물론 대운하 물꼬까지
내친김에 막힌 남북 물꼬까지 터야지
헌데 어쩌지, 물꼬아닌 물고늘어지는 찰거머리 물고낼수도 없고

物神時代 · 47

화이트크리스마스가 얼마나 부러웠으면 황사가 따라 왔을까
천만에, 부러웠던게 아니라 아니꼬왔던 게야
통일도 못한 주제에 무슨 옥분세례냐며 재를 뿌렸던 게지

物神時代 · 48

크리스마스이브에 교황을 쓰러뜨린 정신이상녀
정신이 맑아야 천당도 있지, 정신나가면 하나님도 없어
헌데 어쩌지, 세상이 온통 정신 나간 物神주의자 천지여서

物神時代 · 49

하느님, 정신은 당신편인데 육신은 아니거든요
당초 당신과 같이 만드시지 정신 따로 육신 따로 만드셨으니
어쩌죠, 당신뜻과는 다른 잡것들 만드신 당신 죄가 큽니다요

物神時代 · 50

교회당이나 절간에 들어서면 쌈박 숙연해지지
안정제 한알 먹고 심란한 맘 다듬어지듯
왠줄 아남? 종교란 것에도 마약중독성이 들어 있거든

物神時代 · 51

하단전에 기를 모아봐, 정신이 맑고 통일돼
하단전 아래쪽에 생각을 모아봐, 불끈이가 돼
무슨 불을 껐냐고? 끄긴, 불질렀지

物神時代 · 52

물신주의자들은 제마다 욕망의 거미줄을 그물로 쳐놓고
먹이가 걸려들길 기다리는 喜子
희자야, 사타구니에 바람난 놈 지나간다 낚아채라 낚아채

* 희자(喜子) : 거미의 이칭.

物神時代 · 53

세계 여러 나라에서 한글을 수입해 쓴다던데
정작 한국인은 꼬부랑말 배우러 역 외국행
제나라말도 제대로 못하면서 혀 굴리기 좋아하는 꼴이라니

物神時代 · 54

곁눈질에 훔쳐보고 째려보기로 斜視가 되어가는 눈들
눈은 마음의 창이라는데 窓이 槍의 과녁 안될지
던지는 창에 눈 아닌 마음 상해 피 안 흘릴지

物神時代 · 55

항시 손해만 보고 사는 놈을 바보라 하던가
이기의 고깃덩이 앞에 하고 싸우는 세상은 이전투구
개만도 못한 세상, 이전투구 외면하고살면 바보아닌 현인이지

物神時代 · 56

육체적쾌락에 길들인 요샛것들 정신적쾌락 버린지 이미오래
성을영혼의무덤이라고하던데 순구식,신식으론 육신의무덤인걸
무덤파고 싶어 환장한 놈들 모여 사는 세상은 온통 공동묘지

物神時代 · 57

고혈압 당뇨 폐질환은구식병, 신식병은 암 에이즈같은불치병
걸렸다 하면 죽은 목숨, 살고 싶으면 식탐 줄여
흙 돌 쇠, 돈만 되면 처먹는 건위의 짐승 같은 식욕 버려

物神時代 · 58

맨날 손해만 보고 사는 놈 보고 바보라 했더니 바보 왈
손해보고 사는게 아니고 이익을 탐하지 않았을 뿐이라고
손해도 안보고 이익도 탐하지 않았다면? 허허, 현인이네

物神時代 · 59

웃기지 마시오, 누가 바보이고 누가 현인이오
거시기 같은 세상에 머시기만도 못한 세상
이타와 이기의 눈으로 보는 법이 다를 뿐이지

物神時代 · 60

힐러리 미국무, 북 김선생 보고 어린애 같다 했던가
어린애는 울다 지치면 제 풀에 그치는 법
핵이고 미사일이고 제풀에 지칠 때까지 놔두심이 어떨지

物神時代 · 61

넘쳐도 부족함만 못하고, 부족해도 넘침만 못하다 했던가
넘치지도 부족하지도 않은
신식 저울대엔 그런 눈금과 눈금 새길 저울추가 없어서

物神時代 · 62

핵 포기해야 대화한다에 그럴 순 없지 맞대응
팽팽한 두 평행선 레일 삼아 두 바퀴 굴리기엔 안성맞춤
헌데 5자 회담이라니, 짝이 맞아야 굴러가는 법인데

物神時代 · 63

돈 있는 곳에 비리 있고, 비리 있는 곳에 돈 있지
헌데 너도 나도 돈돈이니 비리를 자청한 꼴
꼴좋다, 비리 아닌 역겨운 비린내에 동취까지 풍기나니

物神時代 · 64

앞지르기, 끼어들기, 샛길, 지름길 골라 딛기
세상이 온통 싸게싸게 빨리빨리인데
뚜벅뚜벅 구식으로 걷는 저 행보, 그래도 헛발질 없나니

物神時代 · 65

환절기면 문전성시 하던 안과병원이 썰렁하단다
신종 플루로 씻어도 너무 깨끗이 손을 씻기 때문
그나마 눈병 안 걸리면 남의 것이 더 크게 보일텐데

物神時代 · 66

씻는다, 하루에도 열두번 씩 손을 씻는다
신종 플루 피하기 위해 씻고 또 씻는다
헌데어쩌지, 씻어도 지워지지않는 검은얼룩, 가슴에남았으니

物神時代 · 67

실한 인삼 한 뿌리 생으로 씹어 먹는다
요즘은 금비로 키운다던데, 한마디 거드는 아내
금비면 어떻고, 똥이면어떠랴, 뱀개구리도 없어서못먹는판에

物神時代 · 68

동굴에 살면 짐승이지, 지하실 동굴삼아 살아도 짐승이지
헌데 어쩌지, 눈은 사람 눈이라서 짐승들만 보이니
높은 곳에 살면서도 못버린 짐승만도 못한 짓 그게 보이거든

物神時代 · 69

사람보다 나은 짐승도 있고, 짐승만도 못한 사람도 있지
당신은 어느 쪽이야
글쎄, 세상이 온통 짐승만도 못한 세상이어서

物神時代 · 70

중국은 4를 길수로 택하고 한국은 4를 흉수로 기피하는데
어찌 수치로 길흉을 점치겠는가마는
확실한 건 7과 9 양발길질에 4가 나가떨어지거든

物神時代 · 71

강물로 식수를 만들고 식수로 석유를 만든다면
이는 꿈도 아닌 망상이지
헌데 망상이 꿈을 낳고, 꿈이 실현을 낳거든

物神時代 · 72

모두들 제 잘난 맛에 사는 세상, 어떻게 사느냐가 뭐 중요해
　　개만도 못하고 짐승만도 못해야 더 잘 사는 세상인 걸
사람답게 산답시고 찌그러진 상판대기 못펴는 꼬락서니라니

物神時代 · 73

지하에서만 살아서 그런지, 머리털 손톱 발톱만 유독 속성
마음은 한사코 쪼그라드는데 털 손톱 발톱만 날 세우니
아무래도 짐승을 닮아가는 모양이다

物神時代 · 74

반가워 어쩔줄 모르며 하는 경상도 반기는 말에 문둥이 있지
전라도에도 있어, 저 잡것
乞神의 허천기 못면한 놈들 눈엔 문둥이도 잡것도 안보여

物神時代 · 75

황금보기를 돌같이 하라, 그것 옛 분들 말씀이고
요즘 신식으론 돌도 황금으로 보거라여
황금에 환장해봐, 누런 똥만 봐도 황금으로 보여

物神時代 · 76

銅臭에 코피 터진 놈이
銅醉로 게워내는 주정
뭘 쳐다봐, 너나 나나 다를 것이 없는데

物神時代 · 77

심장도 팔고, 콩팥도 팔고, 눈도 피도 파는 세상인데
팔고 싶어도 살 놈이 없어 못 파는 비위나 양심
탓하지 마시게, 쓸모가 없어서 그래, 그것 없이도 잘 살거든

物神時代 · 78

에이 더러워, 물신물신 썩어가는 세상에 비위만 성해서
퉤퉤퉤 뱉는 침, 제 얼굴에 침 뱉기지
썩어야 어울려 사는 세상에 썩지 않고 성한 것도 큰 병이지

物神時代 · 79

꼴값한단 말 있지, 이 시대의 존경어야
너 나 없이 꼴에 맞춰 꼴값하는 세상
그게 무슨 꼴이냐구? 거지꼴

物神時代 · 80

배가 부를수록 못면하는 배고픔의 시장기
세끼 밥으로는 채울 수 없는 허기
그게 뭐냐구? 히히, 탐욕의 허천기지

物神時代 · 81

너희 중에 죄짓지 않는 자 있거든 나와 보라는 예수님 말씀
당신들중 황금의 노예 아닌자, 황금에 굶주리는 거지 아닌자
있거든 나오지 마시오, 나왔다가 거짓말로 죄짓지 말고

物神時代 · 82

乞神은 저리가

물신도 저리가고

지금이 어느 시대라고, 정신이 얼쩡거려, 저저 저리가

物神時代 · 83

영국의 어떤 이는 섹스를 머릿속에 갖고 있다고 하고
국적 모를 어떤 이는 관능을 영혼의 무덤이라고 했던데
머리도 영혼도 없는 이 땅의 골빈 놈들은 X으로 무덤 파고

物神時代 · 84

어린 나영이 평생 불구 만든 성폭력범
술김에 저지른 짓 운운하며 감형 운운하는 재판부
술 처먹고 저지른 개짓, 어찌 사람 짓이라고 사람대접이여

物神時代 · 85

네몸 내몸 음양으로 맞닿아 일으키는 자장
짜릿짜릿 발광으로 밝힌 광도는 미지수
사랑이란 살과 살 비벼 발화시킨 원시의 불이거든

物神時代 · 86

나자빠지면서 소줏병이 일갈했다
내가 물이라고
네 혓바닥으론 물이지만 가슴으론 불이라고, 까불고 있어

物神時代 · 87

선체로 녹물을 뒤집어 쓴 가을이 걸어가고 있다
발자국마다 떨어뜨리고 간 금비늘
쇳독올라 부끄러운 손들이 줍는 황금조각, 부정이나 안탈지

物神時代 · 88

4대강 살리기다, 죽이기다, 대운하다, 국론 분분
강이란 게 원래 이물 저물 모여 흐르기 마련 아니던가
말 또한 이말 저말 섞이고 쪼개지며 흐르기가 강물 같아서

物神時代 · 89

몸은 늙어 한사코 퇴색해 가는데 유독 웃자라는 것도 있어
사람들은 저마다 고층빌딩에서 더높은 꿈을꾸는삶 즐기는데
꿈 대신 웃자라는 터럭과 손톱발톱, 히히, 지하가 동굴이어서

物神時代 · 90

지구촌 사람들은 너나 없이 서양식 탈 마스크를 쓰고 다닌다
신종플루 쫓기 위해 쓴 신종 탈
역신도 탈 앞에선 물러선다는데 서양탈은 효험이 없나봐

物神時代 · 91

4대강 살리기 이유가 있는 것 같다
한강은恨江, 낙동강은낙똥강, 임진강은임질강, 영산강은염산강
강마다 이 지경이면 살려야 하지 않겠나

物神時代 · 92

정신보다 무서운 物神
니체가 지금 살았더라면 몰매맞을 판
우리는 물신을 섬기는 이 시대의 자랑스런 광신도들이거든

物神時代 · 93

채워도 채워도 채워지지 않는 乞神의 시장기
세끼 밥으로 행복해하는 육체의 정직에 경배하라
대신 物神物神 썩어가는 정신의 허천기를 경멸하라

物神時代 · 94

산은 높이 올려다보고 강은 멀리 바라보는 법칙이 있다
物神時代의 법칙은 무엇인가
높여 볼것도, 멀리 볼것도 없는 세상이니 장님지팡이 짓이지

物神時代 · 95

황금의 잣대로 척도되는 物神時代의 육법전서
많으면 선, 없으면 죄도 되고 벌도 되고 악도 되지
악화가 양화를 구축한다는 법규가 物神時代 바이블이거든

物神時代 · 96

三界의 순례기 단테의 神曲은 확실히 고전이야
현대의 物神時代에는 二界 뿐이거든
가진 자는 황금성 살이, 못가진 자는 초막살이

物神時代 · 97

가진자는 쓰면쓴만큼 불어나고, 못가진자는 못쓴대도 줄어든다
어찌하여 쓴대도 불어나고 못 쓴대도 줄어드는 것일까
알아두게나, 아도물의 셈본책엔 보태기 뿐이거든

物神時代 · 98

탐욕에 길들여진 놈의 혀는 쓴만큼 늘어난다
참말 할 때는 오무라들고 거짓말 할 때는 두꺼비 혀가 된다
혀 먹고사니 그럴 법도하다마는 그러다쪼개져 뱀혓바닥될라

物神時代 · 99

우체국으로 나오십시오, 검찰청 XX실로 나오십시오
저런 염병헐 놈, 할짓 없어 그짓이냐 오사할 놈
네놈에게 줄돈 있으면 밑구지 해, 똥이나 처먹을 놈

物神時代 · 100

이 시대의 사람들은 혀가 둘이다
하나는 참말하는 혀, 다른 하나는 거짓말하는 혀
혀 둘 가진 것이 무엇이더라

物神時代 · 101

생의 어둠을 인도하는 지팡이를 양심이라 했던가
지금은 고해를 표류하며 삿대도 지팡이도 잃어버린 시대
그뿐인가, 양심에 털까지 났으니, 털많은 것이 뭐더라

物神時代 · 102

인간의 가장 충실한 벗을 양심이라 했던가
지금은 벗없이 단독자로 사는 시대
벗이여, 그리워라, 외로워라, 슬퍼라

物神時代 · 103

우리는 지금 양심 밖으로 피투된 단독자들
양심은 곧 정신이니 정신과 담을 쌓고 사는 시대
키에르케고르 씨, 삶속의 죽음 그것이 문제로소이다

物神時代 · 104

병원중에서도 수지맞는 병원이 치과와 안과
왜냐고? 공것이라면 쇠고 돌이고 흙이고 다깨물다 이빨상하고
남의것 훔쳐보고 곁눈질하다 눈마다 죄다 사시가돼서그러지

物神時代 · 105

TV화면에 모습 드러낸 김정일 위원장 날씬해졌데
비게덩이와 싸우는 남녀 아줌마들 꽤나 부러워하겠던데
부러워마시게나, 비게덩이가 이시대의 육덕이고 미덕인 것을

物神時代 · 106

미 : 6자 회담에 복귀해, 북 : 영원히 안돌아가
미 : 모든 제재수단 다 동원, 더 힘껏 죄어
북 : 히히, 그게 무슨 밧줄인가, 삭은 동앗줄이지

物神時代 · 107

말복 더위에 땀 훔치며 신명나는 일 없을까 궁리중인데
따르릉 전화벨 소리에 업혀오는 "휴가 다녀오셨어요"
"너한테 휴가가면 안될까" 아니지, 그랬다간 더 땀 흘릴테니

物神時代 · 108

物神時代가 풍기는 저 냄새가 무슨 냄새더라
선생님의 전매 특허품 諷字標 악취
히히, 비위만 성한 줄 알았더니 코까지 성해서

物神時代 · 109

"하, 계절도 염병을 앓고있구나", "염병이아니고 열병인데요"
에게 하나만 알고 둘은 모르는 놈
物神時代엔 열병이 곧 염병인게야, 아는 체 하고 있어

物神時代 · 110

시 쓰는 것이 무슨 그리 장한 일이라고 시 새겨 비 세웠을까
누군가 말하길 "비석은 썩지 않는 시체"라고 했던데
혹여 저 시비들 시체로 서있는 시인들의 모습 아닐지

物神時代 · 111

세상이 온통 物神物神 썩어 문드러져 가는 이 판국에
썩지 않고 성한 사람 있으면 나오지 마시오
나왔다가 안성하면 썩음만도 못하거니

物神時代 · 112

物神에 밀려 존재가치를 상실해버린 정신
정신적 가치 순 구식이 되어버린 이 판국에
物神 말고 달리 믿고 신앙할 대상이라도 있던가

物神時代 · 113

흉수 4도 하나가 아닌 겹치기 44인 重四
한국식 운세로 重四면 영락없이 죽을 목숨의 重死
웃긴다고? 가구당 빚이 4천 3백만원이면 重四 아니던가

物神時代 · 114

과정은 불법이나 결과는 합법이란 헌제의 판결
돈 벌기 위해 저지른 악, 돈 벌었으면 선이 되는 격
격높은 최고판결놓고 격낮은 상식만도 못하다는 세평이던데

物神時代 · 115

헌제 미디어법 합헌 판결 놓고 상식 밖이란 평이던데
밖이라면 안을 벗어났음이니 상식에도 못 미친다는 뜻
법보다 상식이 더 잘 통해야 하는데 법석법석 법타령만 하니

物神時代 · 116

MB 지지율 50% 미만에 거부율도 45% 넘어
원래 %란게 오르락내리락 하는 것이긴 하나
갈수록 낮아졌던 전례만은 부동이어서

物神時代 · 117

햇빛못본 지하 칩거때문일까? 달리 獸心이라도 생긴것일까?
수발과 함께 손톱, 발톱 유독 날 세우기 좋아하니
털 많고 손, 발톱 날 세우고 사는 것이 무엇이더라

物神時代 · 118

컴맹, 폰맹이면 신식대접 못 받고 살기 마련
꼬부랑, 노랑말 못해도 마찬가지
그꼴에 꼴값하느라 구식으로 살기 좋아하니 푸대접 못면하지

物神時代 · 119

세종대왕님, 세상이 온통 세종세종으로 시끄러워요
죄송해요, 듣는 우린 부끄러움으로 얼굴 붉히는데
정작 고함치며 싸우는 쪽은 핏대 세워 얼굴 붉히니

物神時代 · 120

대화로도, 회담으로도, 정치, 경제로도 안통한 북녘
미도, 소도, 중도, 쌀도, 기름도 안통해
다만 통하는 것 하나 있지, 玄金

物神時代 · 121

일찍이 부의 논리 경제논리로 터득했던 놀부대감님
덕이 어떻고, 선이 어떻고, 인륜이 어떻고 떠들던 시절에
내것이 내것, 네것이 내것이란 명언남기신 선각자 놀부대감님

物神時代 · 122

안빈낙도라 했던가, 헌데 어쩌지 순 구식이 됐으니
한문으론 求田問舍, 영문으론 에고이즘이 신식인 걸
物神時代엔 그래, 利他란 말 추방된지 이미 오래이거든

物神時代 · 123

세끼 밥으로 만족할 줄 아는 육신과
시도 때도 없이 시장기 못면하고 사는 정신
당신은 어느 쪽에 서서 살고 있는가

物神時代 · 124

가난할수록 줄여 사는 지혜를 벗하고
부유할수록 더 많은 것을 얻고자 탐욕을 벗하고 산다
헌데, 어찌하여 지혜로움이 탐욕보다 부끄러움 돼 버렸는지

物神時代 · 125

얼굴 붉혀 부끄러움을 알던 자연성
얼굴에 철판을 깔았으니 어찌 부끄러움인들 알까
부끄러움을 모르고 사는 것이 뭐더라

物神時代 · 126

얼굴은 마음의 거울, 거울 속의 모습은 둘이다
하나는 선의 얼굴, 다른 하나는 악마의 얼굴
스스로의 모습을 보고 싶거든 마음의 거울을 닦아 볼 일이다

物神時代 · 127

참된 욕구만이 참된 만족을 가져다주는 법
반대로 참되지 못한 탐욕은 결핍을 가져다주는 법
걸인신세 못면한 오늘을 사는 우리들의 법은?

物神時代 · 128

욕심, 분노, 탐욕을 일컬어 지옥 삼문이라 하던가
지옥뿐인가, 연옥에도 시장기, 허천기, 걸신기의 삼문 있거니
우리는 삼문에 갇혀 사는 이 시대의 囚人들

物神時代 · 129

가난을 슬퍼하거나 부끄러워하거나 두려워하지 말라
약육강식의 뺏고 빼앗기는 날강도 세상에
가진 것 없으면, 빼앗길 것 또한 없으니 어찌 두렵겠는가

物神時代 · 130

가지지 못한 자를 가난하다고 하던가
가져도 가져도 못면한 공복의 허천기는 무엇인가?
무엇이긴, 物神의 노예들이 앓는 배 앓이지

物神時代 · 131

물신의 잣대로 재면 황금이 곧 행복이다
이와는 달리 정신의 잣대로 재면 불행이 곧 황금이다
따져 무엇하랴, 지금은 物神時代 잣대따르면 그만인 것을

物神時代 · 132

귀뚤귀뚤 귀뚫어, 귀뚤귀뚤 귀뚫어
세상 온갖 더러운 잡소리 피해 귀 닫고 살았거니
오냐오냐 귀뚫어 기다리면 통일이란 淸音도 들을 수 있을 거나

物神時代 · 133

비우면 채우고 채우면 다시 비우듯이
비우고 채움이 따로가 아니듯이
物神과 精神도 不二인것을

•

박진환 시인은 전남 해남 출신으로 동국대 국문학과를 거쳐 중앙대 대학원을 졸업(문학박사)했다. 1960년 동아일보 신춘문예(詩) · 1963년 自由文學(문학평론)으로 문단에 데뷔했고, 국제PEN 한국본부 사무국장 및 이사를 역임했다. 제9회 시문학상, 제3회 비평문학상, 펜문학상, 윤동주문학상 등을 수상했으며 한서대학교 교수 및 예술대학원장을 역임했으며, 현재 월간 『조선문학』 발행인 겸 주간으로 있다. 중요 저서로는 시집에 『귀로』, 『사랑법』, 『꽃시집』, 『三行詩抄』 I ~XI 『諷詩調』, 『박진환시전집 I · II · III』 등 30권의 시집이 있고 평론집으로는 『한국현대시인론』, 『현대시론』, 『21C시학과 시법』 등 다수와 『한국시의 공간구조연구』, 『21C 시학』, 『시창작론』 외 다수의 역저가 있다.

•

조선문학시인선 · 278

諷詩調 · XII

物神時代 · 1

2010년 9월 1일 인쇄
2010년 9월 5일 발행

지은이 / 박진환
발행인 / 박진환
펴낸곳 / 조선문학사
등록번호 / 1-2733
주소 / 110-092 서울 서대문구 홍제2동 96-4
대표전화 / 730-2255
팩스 / 723-9373

ISBN 89-93614-38-1

정가 8,000원

* 인지는 저자와 합의 하에 생략
* 잘못된 책은 서점에서 교환해 드립니다.